ich sagte wenig

doch meine Worte waren gewählt

ich hatte etwas zu sagen

doch niemand wollte es wissen

ich sagte etwas

doch andere wussten alles besser

ich sagte

doch niemand hörte

Impressum

Bibliografische Information der Deutschen Nationalbibliothek:
Die Deutsche Nationalbibliothek verzeichnet diese Publikation in der Deutschen Nationalbibliografie, detaillierte bibliografische Daten sind im Internet über dnb.dnb.de abrufbar.

TWENTYSIX – Der Self-Publishing-Verlag
Eine Kooperation zwischen der Verlagsgruppe Random House und BoD – Books on Demand

© 2017 Rupert Merkle
© Einbandgestaltung: Sabine Eichler

Herstellung und Verlag:
BoD – Books on Demand, Norderstedt

ISBN: 978-3740735302

Eine Leiche im Fluss

Rupert Merkle

Einbandgestaltung

Sabine Eichler

Das Schmelzwasser, welches den Fluss alljährlich im Frühling in einen reißenden Strom verwandelt, war schon abgezogen. Die aufgetürmten Holzbeigen für die Funkenfeuer waren abgefackelt und hinterließen verbrannte Erde. Auch der Klang der Schneeglöckchen, die die Vergangenheit des Winters einläuten, war verklungen. Die Weidenkätzchen hatten ihr gelbes Kleid bereits abgeworfen. Die Blütenknospen des Flieders zeigen ihr Lila oder Weiß.

Mein Garten liegt direkt am Fluss. Ein Rinnsal durchquert den leicht abfallenden Hang. Dort, wo das Rinnsal in meinen Garten eintritt, ruht das Wasser in einem kleinen Teich bevor es den Hang friedlich bergab plätschert. Kein Stein, kein Holz, keine Pflanze hindert das Wasser seinen Weg zu nehmen. Ganz unten am anderen Ende des Grundstücks wird das Rinnsal zu einem kleinen Wasserfall. Dort stürzt sich dann das Wasser in den großen breiten Fluss, um in ihm gänzlich zu verschwinden.

Dort an der Schnittstelle, wo sich das Rinnsal ins Nichts auflöst, wo sich das unbedeutend quicklebendige Kleine im majestätisch mächtig Großen verliert; dort, wo sich das Rinnsal in den Fluss stürzt, dort sitze ich immer ganz gerne. Dort fließen dann die Gedanken zusammen:

    ich sagte wenig
  doch meine Worte waren gewählt

    ich hatte etwas zu sagen
  doch niemand wollte es wissen

    ich sagte etwas
  doch andere wussten alles besser

    ich sagte
  doch niemand hörte

Ich bewohne den Garten nicht alleine. Feuersalamander verstecken sich meist in den urtümlichen Farnen und Schachtelhalmen, die den Teich umgeben. Unterwegs am Rinnsal begegne ich einem ab und an.

Salamander sind faszinierende Lebewesen, archaisch durch und durch. Man kann kaum unterscheiden, ob männlich oder weiblich. Salamander können sich nicht entscheiden zwischen Land und Wasser, zwischen kriechen und schwimmen. Sie können sich nicht entscheiden zwischen giftigem Gelb und finsterem Schwarz, zwischen brennendem Feuer und löschendem Wasser. Und doch: Feuersalamander vereinen all ihre Gegensätze in einträchtiger Harmonie, überwinden das Nichtentscheidenkönnen, indem sie sich ganz einfach der jeweiligen Situation anpassen, sich einpassen. Sie schleichen tapsig drollig auf dem Land und schlängeln sich schwebend durchs Wasser. Ich bestaune sie immer wieder.

Oft setze ich mich an den kleinen Teich, um den Salamander zu beobachten. Dann schlüpft er durch den dicht bepflanzten Ufersaum, stürzt sich ins Wasser, taucht ab um an einer ganz anderen Stelle wieder aufzutauchen. Auf einem morschen Baumstumpf wartet er, lauert. Er wartet wohl auf Beute.

Gehe ich dem Rinnsal entlang, sehe ich den Salamander, wie er durch das Gras- und Staudengestrüpp huscht und sich ins Geplätscher des Gerinne stürzt, mit der sachten Strömung des Wassers spielt. Abwärtstreiben lässt er sich nicht. Vielmehr windet er sich bald auf der anderen Seite des Rinnsals auf einen Stein. Dort steht er dann starr und lässt sich vom Spritzwasser berieseln. Der Feuersalamander regt sich nicht, scheint zu warten. Er scheint lange zu warten, er scheint ewig zu warten. Auf was wartet er?

Als ich ihn so warten sah, wußte ich es!

       Ich beweg mich nicht
           ich warte

           ich schweige

Oft verweile ich auch unten am Fluss, der vor meinem Garten zu einem See gestaut ist. Auch dort scheint das Wasser zu warten. Im ruhigen Wasser spiegelt sich der Himmel und das gegenüberliegende Ufer. Das Blau des Himmels und das Grün des Flusssaums vermischen sich zu einem Blaugrün oder Grünblau in ganz verschiedenen sich ständig wechselnden Nuancen.

Ich sitze am Fluss

im Stillen das Bewegende beobachtend

Fische

spielen im Wasser

Vögel

ziehen im Himmel ihre Kreise

Im still stehenden Wasser schwimmen die Fische hin und her. Was für eine Kraft entfalten sie, wenn der Fluss zum reißenden Strom wird und sie sich gegen die Wassermassen stemmen. Vögel schweben im unbewegten wolkenlosen Himmel. Was für eine Kraft entfalten sie, wenn sie im Herbst tausende von Meilen fliegen, um die winterliche Kälte und nahrungsarme Zeit zu umgehen. Und im Frühling kehren sie dann wieder.

Ab und an sitze ich am Fluss und fische.

Ich sitze unbewegt am Fluss

die Angelrute ruhig haltend

zuckt die Angelrute in meiner Hand

schlag ich scharf an

der Angelhaken ritzt sich in das Maul
des Fisches.

Ich ziehe den Fisch an Land

Es war an dem Abend als die Abenddämmerung fast nahtlos in die Morgendämmerung überging. Der Sonnenuntergang spiegelte sich in der Stille des Flusses. An diesem Abend setzte sich das Feuerrot des Sonnenunterganges auf der anderen Seite des Flusses fort. Riesige Feuer erhellten die Weite hinter dem Fluss. Schattenrisse von sich heftig bewegenden Menschen bildeten den Kontrast zu den lodernden Flammen: Johannisnacht.

Die Johannisfeuer erloschen nach und nach; die Stille, die Ruhe kehrte wieder.

Ich saß noch lange am Ufer. Der Morgen dämmerte. In diese Stille brauste eine weiße Taube heran, stellte sich mit den Flügeln hektisch schlagend und wild gestikulierend vor mir auf, um sich dann ganz nah bei mir hinzusetzen.

Ich wunderte mich, was dies zu bedeuten hatte. War es Zufall? Oder hatte die Taube etwas zu sagen? War sie hungrig, durstig, oder wollte sie sich einfach nur ausruhen? Doch die Taube begann aufgeregt zu hüpfen. Rauh gurrend setzte sie sich ins Szene, drängte sich mir auf, bis...

Sie drangsalierte mich so lange, bis ich endlich an der Schwanzfeder eine Hülse entdeckte. Neugierde trieb mich. Vorsichtig entfernte ich die Hülse von der Schwanzfeder und entnahm die Depeche. Die Taube beruhigte sich umgehend. Ich las:

„Wenn du lange genug wartest
am Fluss
siehst du irgendwann
die Leichen deiner Feinde
vorbeitreiben"

Ich las nochmals:

> „Wenn du lange genug wartest
> am Fluss
> siehst du irgendwann
> die Leichen deiner Feinde
> vorbeitreiben"

Ich saß schon lange am Fluss, immer wieder, Tag für Tag. Doch eine Leiche hatte ich noch nie vorbei schwimmen gesehen. Unbekümmert rollte ich die Depeche wieder zusammen und steckte sie vorsichtig in die Hülse und befestigte die Hülse an der Schwanzfeder. Die weiße Taube breitete ihre Flügel aus, schlug kraftvolle Schwünge und flog weg. Ich blickte ihr nach bis sie im Nirgendwo verschwand.

Mittlerweile war es Herbst geworden, Tag und Nacht hielten sich in der Waage.

Ich sitze am Ufer
die Blätter diesseits des Flusses taumeln
zur
Erde
jenseits des Flusses
weitet der Nebel
den See ins Unendliche

Wenn die Blätter von den Bäumen gefallen sind, dauert es nicht mehr lange bis der Garten in der Kälte erstarrt, das Rinnsal zum Eisbach gefriert, die Bäume und Pflanzen am Fluss vom Rauhreif weiß geschmückt werden. Dann sieht man auch den Feuersalamander nicht mehr, er wartet verborgen in seinem Winterversteck.

Ich sitze am Ufer.

    Totenstarre

    klirrende Kälte

    die Äste der Bäume

    das Wasser

    selbst der Himmel

    starren

    bewegungslos

Ich nehme meine Angel und schleudere den Haken weit in die Mitte des Flusses. Still halte ich dann die Angelrute. Ein Zittern. Ich zucke geschwind, schlag scharf an und ziehe einen Fisch an Land. Es war ein Fischlein, eine kleines Fischlein, gekleidet im qing-farbenem Schuppenkleid.
Ungewöhnlich. Ein Fischlein, das selbst im kalten Winter anbeißt. Ich schaue ihm in die Augen, tief in die Augen, es zappelt so lebendig froh in meiner Hand. „Fischlein" sag ich, „ich hab dich verletzt, tut mir so leid, ich gebe Dir die Freiheit wieder". Sorgsam entferne ich

den Haken und entlass den Fisch in die Weite des ruhenden Flusses.

Es war an einem Morgen als die Tage nur ganz kurz und die Nächte sehr lange waren. Im Morgengrauen sitze ich wieder am regungslosen Ufer. Diese winterliche Totenstille wurde abrupt und bedrohlich gebrochen. Es war wieder eine weiße Taube, die im Sturzflug hergeflogen kam. Mit heftigem Flügelschlag stellte sie sich in der Luft vor mich hin. Aufgeregt öffnete sie ihren Schnabel, als ob sie mir etwas wichtiges, etwas sehr wichtiges sagen wollte.

Die Taube setzte sich aber nicht neben mich, sie hatte auch keine Depeche in der Schwanzfeder. Die weiße Taube drehte ab. So schnell wie sie gekommen war flog sie wieder weg. Ich blickte ihr nach bis sie in der Unendlichkeit des Raums verschwunden war.

Ich saß am Ufer

Tag für Tag, schon eine ganze Ewigkeit

Im winterlich ruhenden Wasser

trieb eine Leich

Die Leiche driftete vorbei. Mir fiel die weiße Taube ein, ich erinnerte mich an die Depeche. Doch ich kümmerte mich nicht darum, ich dachte nicht weiter nach.

Immer wieder, immer öfter, trieben nun Leichen im Fluss.

Es ist Wintersonnwend, der kälteste Tag im Jahr. Ich gehe runter zum Fluss. Das gefrorene Gras knirscht bei jedem Tritt unter meinen Füßen. Unten, dort wo sich das Rinnsal in den Fluss stürzt, hatten sich über Nacht Eissäulen und Eiszapfen zu einer Grotte ineinander verwoben. Ich zog gerade einen Köder am Angelhaken auf. Just in diesem Moment …

Eine Leiche driftet dicht, ganz dicht, am Ufer und verhakt sich unmittelbar vor der Eisgrotte. Mit der Angelrute stupf ich sie ganz leicht und sachte an. Die Leiche wendet sich zu mir.

Die Leiche schaut mir ins Gesicht

    eine Leiche im Fluss

        starrt

        mir

      in die Augen.

Ich steh am Ufer mit der Angelrute in

der Hand

– ich erinnere mich –

dieses Gesicht

diese erstarrten Augen

begegneten mir

einst

Das Schmelzwasser verwandelte den Fluss in einen reißenden Strom.

Es wurde Frühling.

Ich setzte mich dort hin, wo sich das Rinnsal im majestätischen Fluss verliert und ließ meine Gedanken fließen:

ich sagte wenig

doch meine Worte waren gewählt

ich hatte etwas zu sagen

doch niemand wollte es wissen

ich sagte etwas

doch andere wussten alles besser

ich sagte

doch niemand hörte

…

ich wartete

ich schwieg

dann hörten sie mir zu